INDICE

Capitolo 1: Cos'è l'ansia e perché si manifesta

In questo capitolo, spiego cosa sia l'ansia, come si manifesta e quali sono i sintomi più comuni. Cerco di aiutare il lettore a comprendere meglio la propria ansia e a sentirsi meno isolato.

Capitolo 2: La scienza dell'ansia

In questo capitolo, presento le ultime ricerche scientifiche sull'ansia e su come funziona il cervello in situazioni di stress. Cerco di spiegare perché l'ansia è una risposta naturale del nostro corpo e come possiamo utilizzarla a nostro vantaggio.

Capitolo 3: Tecniche di rilassamento

In questo capitolo, presento alcune tecniche di rilassamento che possono aiutare a ridurre l'ansia. Ad esempio, parlerò della respirazione diaframmatica, della meditazione e dello yoga. Fornirò istruzioni dettagliate su come praticare queste tecniche in modo efficace.

Capitolo 4: Alimentazione e stile di vita

In questo capitolo, parlo dell'importanza dell'alimentazione e dello stile di vita per gestire l'ansia. Fornirò consigli su cosa mangiare e cosa evitare, nonché su come fare esercizio fisico e prendersi cura di sé stessi.

Capitolo 5: Identificare i pensieri negativi

In questo capitolo, spiego come riconoscere e identificare i pensieri negativi che possono alimentare l'ansia. Cerco di aiutare il lettore a capire come questi pensieri si manifestano e a sostituirli con pensieri positivi e costruttivi.

Capitolo 6: La visualizzazione creativa

In questo capitolo, presento la visualizzazione creativa come tecnica per gestire l'ansia. Spiego come funziona e fornisco alcuni esempi di visualizzazioni che possono aiutare il lettore a sentirsi più calmo e tranquillo.

Capitolo 7: L'importanza della mente-corpo

In questo capitolo, spiego l'importanza della connessione tra mente e corpo per gestire l'ansia. Parlo di come le emozioni possono influire sul nostro corpo e di come possiamo utilizzare il nostro corpo per influire sulle nostre emozioni.

Capitolo 8: Superare l'ansia sociale

In questo capitolo, parlo dell'ansia sociale e di come gestirla. Fornirò consigli su come affrontare le situazioni sociali che possono far scaturire l'ansia e su come migliorare la propria autostima.

Capitolo 9: Vivere con l'ansia

In questo capitolo, concludo il libro parlando di come vivere con l'ansia. Cerco di aiutare il lettore a capire che l'ansia non deve impedirgli di vivere la vita che desidera e di come può utilizzarla come energia positiva.

INTRODUZIONE

Benvenuti a questo libro che vi aiuterà ad affrontare e superare l'ansia. L'ansia è una delle condizioni più comuni al mondo, che colpisce milioni di persone ogni giorno. Essa può essere causata da una vasta gamma di fattori, tra cui lo stress, la pressione sociale, problemi di salute mentale, e molte altre cause.

Questo libro è stato scritto per fornire ai lettori una guida completa su come affrontare l'ansia, gestirla e superarla. Copriremo molte tecniche e strategie che possono aiutare a ridurre i sintomi ansiosi e migliorare la qualità della vita.

Tuttavia, prima di iniziare a esplorare le tecniche e le strategie, è importante comprendere l'ansia e la sua natura. L'ansia non è solo una semplice emozione; può avere un impatto significativo sulla salute mentale, sulle relazioni e sulla qualità della vita di una persona. Molte persone che soffrono di ansia spesso si sentono isolate e incapaci di gestire i loro sintomi.

Questo libro è stato progettato per offrire un approccio olistico all'ansia, che comprende l'aspetto fisico, mentale ed emotivo della malattia. Copriremo molte tecniche che possono aiutare a ridurre i sintomi ansiosi e migliorare la qualità della vita. Ci concentreremo sull'importanza di una dieta sana, sull'esercizio fisico, sulla meditazione, sulla respirazione e su molte altre tecniche per migliorare la salute fisica e mentale.

Inoltre, parleremo anche della necessità di sviluppare una mentalità positiva e resiliente per superare l'ansia. Ci concentreremo sulla forza dell'autostima, dell'autoaccettazione e dell'amore per se stessi, poiché questi sono elementi cruciali per superare l'ansia.

Se state lottando con l'ansia e cercate una soluzione olistica, allora questo libro è per voi. Speriamo che possa fornirvi gli strumenti e le tecniche necessarie per superare i sintomi ansiosi e migliorare la vostra qualità della vita.

Capitolo 1: Cos'è l'ansia e perché si manifesta

L'ansia è un'emozione normale che tutti noi proviamo di tanto in tanto. È quella sensazione di preoccupazione o di paura che si manifesta quando ci troviamo di fronte a situazioni che percepiamo come pericolose, minacciose o fuori dal nostro controllo. È una reazione del nostro sistema nervoso autonomo, che ci prepara a far fronte a una situazione stressante o pericolosa.

Tuttavia, quando l'ansia diventa eccessiva o ingiustificata, può diventare un problema che interferisce con la nostra vita quotidiana. L'ansia può manifestarsi in molti modi diversi, a seconda della persona e delle situazioni. Alcune persone possono provare un senso di panico o di agitazione, mentre altre possono sentirsi bloccate o paralizzate. Alcune persone possono avere sintomi fisici come battito cardiaco accelerato, sudorazione, tremori o vertigini.

Capire le cause dell'ansia è il primo passo per gestirla. Le cause possono essere molte e variano da persona a persona. Lo stress, la pressione, l'incertezza, la paura del giudizio altrui sono solo alcune delle possibili cause dell'ansia. È importante capire che l'ansia è una reazione naturale del nostro corpo e che tutti noi abbiamo a che fare con situazioni stressanti e difficili nella vita.

Il problema sorge quando l'ansia diventa così intensa da interferire con le nostre attività quotidiane. Ad esempio, potrebbe impedirci di concentrarci sul lavoro, di dormire bene di notte, di socializzare con gli amici o di svolgere attività che normalmente ci piacciono. Questo è il punto in cui diventa importante cercare un modo per gestire l'ansia.

Ci sono molte tecniche e strategie per gestire l'ansia, e questo libro ti fornirà molte delle informazioni e degli strumenti di cui hai bisogno. Imparerai a riconoscere i sintomi dell'ansia e a gestirla in modo efficace. Imparerai anche a trasformare l'ansia in energia positiva e motivazione, anziché lasciarla ostacolare la tua vita.

Uno dei punti chiave del libro è imparare a non combattere contro l'ansia. Quando cerchiamo di reprimere o di ignorare i nostri sentimenti di ansia, tendiamo a peggiorarli. Invece, dobbiamo imparare a riconoscere l'ansia, accettarla e utilizzarla come uno stimolo per fare fronte alle sfide della vita.

Sii gentile con te stesso, ricorda che non sei perfetto e che ogni piccolo passo verso la tua guarigione è un passo importante. Con l'approccio giusto e un po' di lavoro, puoi trasformare l'ansia in una forza positiva nella tua vita. Pronto per iniziare? Allora, iniziamo!

Capitolo 2: La scienza dell'ansia

Benvenuto al secondo capitolo del nostro viaggio insieme per superare l'ansia. Spero che il primo capitolo ti abbia dato un po' di comfort e ti abbia incoraggiato ad affrontare la tua ansia.

Oggi, esploreremo le diverse tipologie di ansia e i loro sintomi. Capire i sintomi dell'ansia è il primo passo per superarla.

Spesso, l'ansia può manifestarsi in modo diverso in base alla persona e alla situazione.

L'ansia generalizzata è una forma comune di ansia che si manifesta attraverso preoccupazioni eccessive riguardo a molte cose nella vita, come la salute, il lavoro, il denaro e le relazioni. Secondo l'American Psychiatric Association, l'ansia generalizzata colpisce circa il 3,1% degli adulti negli Stati Uniti ogni anno. I sintomi dell'ansia generalizzata possono includere difficoltà di concentrazione, stanchezza, irritabilità e difficoltà a dormire. Questi sintomi possono avere un impatto significativo sulla vita quotidiana e sul benessere generale.

L'ansia sociale è un'altra forma comune di ansia che si manifesta in situazioni sociali. Le persone con ansia sociale possono provare paura o vergogna quando sono in pubblico o si trovano in situazioni sociali. Secondo l'American Psychological Association, circa il 15 milione di adulti negli Stati Uniti soffrono di ansia sociale. I sintomi dell'ansia sociale possono includere palpitazioni, sudorazione eccessiva e difficoltà a parlare o interagire con gli altri.

L'ansia da prestazione è un'altra forma comune di ansia che si manifesta quando una persona deve esibirsi o svolgere un compito sotto pressione. Le persone con ansia da prestazione possono provare paura di fallire o di essere giudicate dagli altri. Secondo uno studio pubblicato sulla rivista Psicoterapia e Psicosomatica, l'ansia da prestazione colpisce circa il 15% degli adulti negli Stati Uniti. I sintomi dell'ansia da prestazione possono includere sudorazione eccessiva, tremori e difficoltà a concentrarsi.

Capire i sintomi dell'ansia è il primo passo per superarla. Se sei in grado di riconoscere i tuoi sintomi e capire quali situazioni li scatenano, puoi iniziare a lavorare su strategie per gestire l'ansia.

Ma non preoccuparti, non sei solo in questo viaggio. Ci sono molte persone che si trovano nella tua stessa situazione, e molte di loro sono riuscite a superare l'ansia e a raggiungere una vita più serena. Anche tu puoi farlo.

Il primo passo per superare l'ansia è creare la giusta mentalità. Non permettere all'ansia di definirti o di limitare la tua vita. Tu sei molto più forte di quello che pensi, e puoi superare l'ansia. Secondo uno studio pubblicato sulla rivista Behaviour Research and Therapy, avere una mentalità positiva e orientata al cambiamento può aiutare a ridurre i sintomi dell'ansia.

Ricorda di essere gentile con te stesso e di essere paziente. Superare l'ansia richiede tempo, impegno e perseveranza. Tuttavia, con la giusta mentalità e gli strumenti giusti, puoi raggiungere una vita più serena e felice. Ci sono molti strumenti e tecniche che puoi utilizzare per gestire l'ansia. Alcuni di questi includono la meditazione, la respirazione profonda, lo yoga, l'esercizio fisico regolare e la terapia. Ci sono anche molte app per la gestione dell'ansia che possono aiutarti a monitorare i tuoi sintomi, a imparare tecniche di rilassamento e a tracciare il tuo progresso.

Ricorda che non esiste una soluzione universale per la gestione dell'ansia. Ogni persona è diversa e ha bisogno di trovare la propria strategia per gestire l'ansia. Quindi, non aver paura di sperimentare diverse tecniche e strumenti fino a trovare quello che funziona meglio per te.

È anche importante lavorare su uno stile di vita sano. Mangiare cibi sani e bilanciati, fare esercizio fisico regolarmente e dormire abbastanza sono tutti fattori che possono contribuire a ridurre l'ansia. Inoltre, ridurre il consumo di alcol e di sostanze nocive come il tabacco può aiutare a migliorare la salute mentale e fisica.

Infine, cerca di mantenere un atteggiamento positivo e di affrontare l'ansia con coraggio e determinazione. Non permettere all'ansia di limitare la tua vita. Invece, usa questa esperienza come un'opportunità per crescere e migliorare come persona.

In questo capitolo abbiamo esplorato le diverse tipologie di ansia e i loro sintomi. Abbiamo anche discusso di alcune tecniche e strumenti che puoi utilizzare per gestire l'ansia. Nel prossimo capitolo, esploreremo ulteriormente alcune di queste tecniche e discuteremo come puoi integrarle nella tua vita quotidiana.

Capitolo 3: Tecniche di rilassamento

In questo capitolo parleremo di alcune tecniche di rilassamento che possono aiutare a gestire l'ansia. Prima di iniziare, è importante notare che queste tecniche sono supportate da molte ricerche scientifiche che dimostrano la loro efficacia.

La meditazione è una delle tecniche di rilassamento più utilizzate per gestire l'ansia. La meditazione si concentra sull'essere consapevoli del presente momento e sul lasciare andare i pensieri e le preoccupazioni. Molti studi hanno dimostrato che la meditazione può aiutare a ridurre i sintomi di ansia, migliorare l'umore e aumentare il benessere generale. Ad esempio, uno studio del 2014 ha esaminato gli effetti della meditazione sullo stress e l'ansia e ha riscontrato che la meditazione era efficace nel ridurre i sintomi di ansia.

La respirazione profonda è un'altra tecnica di rilassamento efficace per gestire l'ansia. Quando ci sentiamo ansiosi, spesso respiriamo in modo superficiale e veloce. La respirazione profonda, al contrario, ci aiuta a rallentare e approfondire la respirazione, il che può ridurre i sintomi di ansia. Un recente studio del 2021 ha dimostrato che la respirazione profonda può migliorare la salute mentale e fisica in modo significativo.

Lo yoga è un'altra tecnica di rilassamento che può aiutare a gestire l'ansia. Lo yoga combina tecniche di respirazione, meditazione e stretching per rilassare il corpo e la mente. Molti studi hanno dimostrato che lo yoga può ridurre i sintomi di ansia e migliorare l'umore. Ad esempio, uno studio del 2016 ha esaminato gli effetti dello yoga sullo stress e l'ansia e ha riscontrato che lo yoga era efficace nel ridurre i sintomi di ansia.

L'esercizio fisico regolare è un'altra tecnica di rilassamento che può aiutare a gestire l'ansia. L'esercizio fisico rilascia endorfine nel cervello, che sono sostanze chimiche che migliorano l'umore. Inoltre, l'esercizio fisico può aiutare a ridurre il livello di cortisolo, l'ormone dello stress, nel corpo. Molti studi hanno dimostrato che l'esercizio fisico può ridurre i sintomi di ansia e migliorare l'umore. Ad esempio, uno studio del 2019 ha esaminato gli effetti dell'esercizio fisico sull'ansia e ha riscontrato che l'esercizio fisico era efficace nel ridurre i sintomi di ansia.

La terapia è un'altra tecnica di gestione dell'ansia che può aiutare a ridurre i sintomi di ansia. La terapia può aiutare le persone a capire meglio i loro pensieri e le loro emozioni e a sviluppare nuove strategie per affrontare l'ansia. Ci sono molti tipi di terapia disponibili, tra cui la terapia cognitivo-comportamentale (TCC) e Dopo aver capito le basi dell'allenamento alla consapevolezza e della respirazione, puoi provare ad

aggiungere altre tecniche di rilassamento per aiutarti ad affrontare l'ansia. Una tecnica popolare è la meditazione, che coinvolge la concentrazione sulla respirazione e il rilassamento del corpo e della mente.
La meditazione è stata ampiamente studiata e dimostrata essere efficace nella riduzione dell'ansia e dello stress. In uno studio del 2014 pubblicato sulla rivista JAMA Internal Medicine, i partecipanti che hanno partecipato a un corso di meditazione di otto settimane hanno riportato una significativa riduzione dei sintomi di ansia e depressione rispetto al gruppo di controllo.

Un'altra tecnica di rilassamento è la visualizzazione guidata, che coinvolge l'immaginazione di situazioni piacevoli e rilassanti. Puoi immaginare di essere su una spiaggia tropicale, in un prato verde o in una stanza accogliente. Concentrati sui dettagli, come il suono delle onde, l'odore dei fiori o la sensazione della morbida coperta sulla tua pelle. La visualizzazione guidata può aiutarti a creare una sensazione di pace e relax.

Infine, puoi provare la tecnica del rilassamento muscolare progressivo. Questa tecnica consiste nel contrarre e rilassare i muscoli del corpo in sequenza, creando una sensazione di rilassamento. In uno studio del 2018 pubblicato sulla rivista Journal of Affective Disorders, i partecipanti che hanno utilizzato questa tecnica hanno riportato una significativa riduzione dei sintomi di ansia.

Sperimenta queste diverse tecniche di rilassamento e scopri quale funziona meglio per te. Puoi anche combinare più tecniche per creare una routine di rilassamento personalizzata. Ricorda che queste tecniche richiedono pratica e pazienza, ma se le incorpori nella tua vita quotidiana, possono aiutarti a ridurre l'ansia e migliorare il tuo benessere generale.

Oltre alle tecniche di rilassamento menzionate in precedenza, esistono molte altre strategie che puoi utilizzare per gestire l'ansia. Qui di seguito ne presentiamo alcune:

1. Esercizio fisico: l'esercizio fisico è noto per migliorare l'umore e ridurre lo stress. L'attività fisica può aiutarti a liberare la tensione muscolare e aumentare la produzione di endorfine, sostanze

chimiche naturali del cervello che causano una sensazione di benessere. Inoltre, l'esercizio fisico regolare può migliorare la qualità del sonno, ridurre la pressione sanguigna e aumentare la fiducia in se stessi.

2. Terapia cognitivo-comportamentale (CBT): la terapia cognitivo-comportamentale è una forma di psicoterapia che aiuta le persone a identificare e cambiare i pensieri e i comportamenti che causano l'ansia. La CBT si concentra sulla risoluzione dei problemi e sull'apprendimento di nuove abilità per gestire l'ansia.

3. Yoga: lo yoga combina tecniche di respirazione, meditazione e posizioni del corpo per migliorare la salute fisica e mentale. Lo yoga può aiutare a ridurre la tensione muscolare e migliorare la flessibilità. Inoltre, lo yoga può migliorare la concentrazione e la calma mentale.

4. Massaggio: il massaggio è una tecnica di rilassamento che coinvolge la manipolazione dei tessuti molli del corpo. Il massaggio può aiutare a ridurre la tensione muscolare, migliorare la

circolazione sanguigna e ridurre lo stress. Inoltre, il massaggio può aiutare a migliorare la qualità del sonno e ridurre il dolore.

5. Terapia dell'arte: la terapia dell'arte è una forma di psicoterapia che utilizza l'arte come strumento per esplorare le emozioni e ridurre lo stress. La terapia dell'arte può includere la pittura, il disegno, la scultura e altre forme d'arte. La terapia dell'arte può aiutare a migliorare l'autostima e la fiducia in se stessi.

6. Mindfulness: la mindfulness è la pratica di essere consapevoli del momento presente, senza giudizio. La mindfulness può aiutare a ridurre l'ansia e migliorare la concentrazione. La mindfulness può essere praticata attraverso la meditazione,

7. respirazione consapevole e la consapevolezza del corpo.

Sperimenta queste diverse tecniche di gestione dell'ansia e scopri quale funziona meglio per te. Puoi anche combinare più tecniche per creare una routine personalizzata per gestire l'ansia. Ricorda che queste tecniche richiedono pratica e pazienza, ma se le incorpori nella tua vita quotidiana, possono aiutarti a ridurre l'ansia e migliorare il tuo benessere generale.

Continua a leggere per scoprire come la dieta e lo stile di vita possono influire sull'ansia, e quali cambiamenti puoi apportare per migliorare il tuo benessere.

Capitolo 4: Alimentazione e stile di vita

Un'alimentazione sana ed equilibrata può svolgere un ruolo importante nella gestione dell'ansia. In particolare, alcuni alimenti sono in grado di aiutare a ridurre i sintomi di ansia e stress, mentre altri possono peggiorare la situazione.

Alcuni alimenti che possono aiutare a ridurre l'ansia sono:

- Cibi ricchi di magnesio, come legumi, verdure a foglia verde, semi, noci e cereali integrali. Il magnesio ha un effetto calmante sul sistema nervoso e può aiutare a ridurre lo stress e l'ansia.
- Alimenti ricchi di triptofano, un aminoacido che aiuta a produrre serotonina, una sostanza che regola l'umore. Tra questi alimenti troviamo il salmone, le uova, la carne di tacchino, il tofu e le noci.
- Cibi ricchi di antiossidanti, come frutta e verdura fresca, in particolare i frutti di

bosco, i broccoli e i pomodori. Gli antiossidanti aiutano a proteggere il corpo dagli effetti dello stress ossidativo e possono ridurre i sintomi di ansia.
D'altra parte, alcune bevande e alimenti possono aumentare l'ansia e lo stress, tra cui:

- Caffeina: bevande come il caffè, il tè e le bibite gassate contengono caffeina, che può aumentare la tensione e l'ansia.
- Alcol: sebbene possa sembrare un modo per rilassarsi, l'alcol può in realtà aumentare l'ansia.
- Cibi grassi e fritti: questi alimenti possono causare un aumento della pressione sanguigna e dell'ansia.

Inoltre, lo stile di vita può influire notevolmente sulla gestione dell'ansia. Ecco alcuni consigli pratici:

- Fare esercizio fisico regolarmente: l'attività fisica aiuta a ridurre lo stress e l'ansia, poiché stimola la produzione di endorfine, sostanze chimiche che migliorano l'umore.
- Dormire a sufficienza: la mancanza di sonno può aumentare la sensazione di

ansia, mentre dormire a sufficienza può aiutare a ridurre i sintomi.

- Ridurre il consumo di alcol e caffeina: come già accennato, l'alcol e la caffeina possono peggiorare l'ansia, quindi è consigliabile limitarne il consumo.
- Praticare la meditazione o altre tecniche di rilassamento: la meditazione, lo yoga e altre tecniche di rilassamento possono
- aiutare a ridurre lo stress e l'ansia.

In questo capitolo abbiamo visto come la dieta e lo stile di vita possono influire sulla gestione dell'ansia. Tuttavia, è importante sottolineare che l'ansia è un disturbo compulsivo.

Dunque, come avete letto finora, molte delle cose che si possono fare per combattere l'ansia e lo stress dipendono in gran parte dal nostro stile di vita e dalla dieta che seguiamo. Come dicevamo, è importante limitare il consumo di alcol e di sostanze stimolanti come la caffeina. Anche la nicotina, presente nel tabacco, è da evitare perché tende ad aumentare i livelli di ansia e di stress. Inoltre, è bene fare attenzione alla propria alimentazione, evitando il consumo eccessivo di zuccheri e carboidrati semplici, che possono innalzare i livelli di glucosio nel sangue e generare picchi di energia seguiti da momenti di stanchezza e apatia.

È bene invece privilegiare gli alimenti che contengono nutrienti importanti per la salute del nostro cervello e del nostro sistema nervoso. Ad esempio, le vitamine del gruppo B, come la B6, la B12 e l'acido folico, sono essenziali per il corretto funzionamento del sistema nervoso e per la sintesi dei neurotrasmettitori. Queste vitamine si trovano in alimenti come carne, pesce, uova, legumi e verdure a foglia verde.

Inoltre, ci sono alcuni alimenti che contengono sostanze che aiutano a ridurre l'ansia e lo stress. Ad esempio, il triptofano, un amminoacido presente in alimenti come latte, formaggi, uova, carne e pesce, favorisce la produzione di serotonina, un neurotrasmettitore che aiuta a regolare l'umore e a ridurre l'ansia. Anche gli acidi grassi omega-3, presenti soprattutto nei pesci grassi, sono importanti per la salute del cervello e sembrano avere un effetto positivo sull'umore e sulla capacità di gestire lo stress.

Oltre all'alimentazione, ci sono anche altri aspetti dello stile di vita che possono aiutare a ridurre l'ansia e lo stress. Ad esempio, l'esercizio fisico è un ottimo modo per liberare la tensione e per migliorare l'umore. Anche la meditazione e la pratica dello yoga possono aiutare a ridurre l'ansia e lo stress, favorendo il rilassamento e la concentrazione.

In questo capitolo vi abbiamo fornito alcuni consigli pratici per migliorare la vostra alimentazione e il vostro stile di vita, in modo da ridurre l'ansia e lo stress. Sappiamo che non è sempre facile cambiare le proprie abitudini, ma sappiate che piccoli cambiamenti quotidiani possono fare la differenza, aiutandovi a sentirvi meglio con voi stessi e con gli altri.

Capitolo 5: Identificare i pensieri negativi

L'ansia può essere alimentata dai nostri pensieri negativi. Spesso, i nostri pensieri possono diventare così automatici che neppure ci rendiamo conto di averli. In questo capitolo, parleremo dell'importanza di identificare questi pensieri negativi e sostituirli con pensieri più positivi.

L'importanza dei pensieri

La maggior parte delle persone ha almeno un paio di pensieri negativi ricorrenti che li tormentano. Può essere qualcosa di semplice come "non sono abbastanza bravo" o "non sarò mai in grado di farcela". Questi pensieri possono portare a un senso di disperazione, di inadeguatezza e di ansia.

Ma cosa succederebbe se potessimo cambiare questi pensieri negativi in pensieri positivi? Cosa succederebbe se ci dessimo la possibilità di vedere noi stessi e il mondo intorno a noi in modo più positivo?

Identificare i pensieri negativi

Per identificare i propri pensieri negativi, è importante prestare attenzione al proprio dialogo interno. Ogni volta che si ha un pensiero negativo, prendere nota di esso e scrivere in un quaderno. Chiediti perché hai avuto questo pensiero e se è razionale. Chiediti se esiste un'altra prospettiva su questa situazione.

Una volta che hai identificato i tuoi pensieri negativi, è importante valutarli con un occhio critico. Sono questi pensieri realistici o stai esagerando la situazione? Ci sono altre spiegazioni per quello che sta succedendo? Come puoi vedere la situazione in modo diverso?

Sostituire i pensieri negativi con pensieri positivi

Ora che hai identificato i tuoi pensieri negativi, è tempo di sostituirli con pensieri più positivi. Invece di dire "non sarò mai in grado di farcela", prova a dire "sono in grado di farcela se ci metto impegno e dedizione". Questo tipo di pensiero aiuta a creare una mentalità di successo e di ottimismo.

Un'altra tecnica per sostituire i pensieri negativi con pensieri positivi è la visualizzazione. Immagina te stesso in una situazione difficile, ma invece di immaginarti fallire, immagina te stesso riuscire con successo. Questo può aiutarti a rafforzare la tua fiducia in te stesso e a incoraggiare la tua mente a pensare in modo più positivo.

Esistono anche alcune strategie cognitive che possono aiutare a sostituire i pensieri negativi con pensieri positivi. Ad esempio, la tecnica del riorientamento cognitivo. Questa tecnica implica la sostituzione di un pensiero negativo con uno positivo. Ad esempio, invece di pensare "sono così insicuro", pensa "sono una persona molto sicura di sé".

La mindfulness è un'altra tecnica che può aiutare a sostituire i pensieri negativi con pensieri positivi.La mindfulness, o consapevolezza, è una tecnica di meditazione che aiuta a sviluppare la consapevolezza del momento presente, ridurre lo stress e l'ansia, e migliorare il benessere psicologico. In questo capitolo, esploreremo più a fondo la pratica della mindfulness, i suoi benefici, e come iniziare a praticare la mindfulness nella vita quotidiana. La mindfulness è una pratica secolare, originaria della tradizione buddhista, ma che è diventata sempre più popolare e riconosciuta negli ultimi anni anche nel mondo occidentale. Inizialmente, la mindfulness era praticata come tecnica di meditazione, ma oggi può essere applicata in qualsiasi attività della vita quotidiana.

La pratica della mindfulness aiuta a sviluppare la consapevolezza di ciò che sta accadendo intorno a noi e dentro di noi, senza giudicare o reagire in modo impulsivo. La mindfulness ci insegna a prestare attenzione ai nostri pensieri, emozioni e sensazioni corporee, senza giudicarli o cercare di cambiarli.

La mindfulness è una pratica molto utile per gestire l'ansia e lo stress, poiché ci aiuta a vivere nel momento presente e a non preoccuparci eccessivamente del passato o del futuro. Ci aiuta anche a sviluppare una maggiore consapevolezza delle nostre emozioni e delle nostre reazioni a situazioni stressanti, permettendoci di scegliere come rispondere invece di reagire in modo automatico.

La mindfulness ha anche dimostrato di essere utile per ridurre la depressione, migliorare la concentrazione e la memoria, e aumentare la resilienza. Inoltre, è stata associata a una serie di benefici fisici, tra cui una diminuzione della pressione sanguigna e una riduzione dei sintomi legati a disturbi gastrointestinali.

Ma come si pratica la mindfulness nella vita quotidiana? Ci sono diverse tecniche che possono essere utilizzate per sviluppare la consapevolezza del momento presente e ridurre lo stress. Una delle tecniche più comuni è la meditazione mindfulness, che prevede di sedersi in silenzio e concentrarsi sulla propria respirazione, portando l'attenzione ai sensazioni fisiche del respiro mentre entrano ed escono dal corpo.

Inoltre, la mindfulness può essere praticata anche in modo informale, ad esempio, durante le attività quotidiane come la pulizia o il lavaggio dei piatti. In queste situazioni, si può prestare attenzione a ciò che si sta facendo, alle sensazioni fisiche del proprio corpo, e al momento presente.

Un'altra tecnica utile è la visualizzazione creativa, che consiste nell'immaginare un luogo o una situazione che ti fa sentire calmo e tranquillo, e concentrarsi sulle sensazioni fisiche e emotive che questo posto ti dà. La visualizzazione creativa può essere praticata in qualsiasi momento della giornata, anche durante le pause sul lavoro o in momenti di stress.

Inoltre, la pratica della mindfulness può essere integrata nella routine quotidiana, ad esempio, prendendosi qualche minuto per concentrarsi sulla propria respirazione prima di iniziare la giornata o prima

Un'altra tecnica utile per identificare i pensieri negativi è la scrittura del diario. Si tratta di scrivere i propri pensieri su un foglio di carta ogni volta che ci si sente ansiosi o preoccupati. Questo può aiutare a vedere i pensieri in modo più oggettivo e a capire se sono razionali o irrazionali.

Una volta identificati i pensieri negativi, è importante sostituirli con pensieri positivi. Ad esempio, invece di pensare "Non sarò mai abbastanza bravo per questo lavoro", si può pensare "Sto imparando sempre di più e posso migliorare". Sostituire i pensieri negativi con pensieri positivi può aiutare a cambiare il proprio modo di pensare e ad alleviare l'ansia.

Oltre alla sostituzione dei pensieri negativi, un'altra tecnica utile per gestire l'ansia è l'esposizione graduale. Si tratta di esporre gradualmente se stessi alla situazione che scatena l'ansia, in modo da abituarsi gradualmente e ridurre l'ansia. Ad esempio, se si ha paura degli ascensori, si può iniziare esponendosi all'idea di prendere l'ascensore e poi provare a salire per un piano o due, fino a quando non ci si sente a proprio agio.

La meditazione è un'altra tecnica utile per gestire l'ansia. La meditazione consiste nel concentrarsi su un oggetto o su un pensiero specifico e nel lasciar andare tutti gli altri pensieri. Ciò può aiutare a calmare la mente e a ridurre l'ansia. Anche solo pochi minuti di meditazione al giorno possono fare la differenza.

Infine, è importante ricordare che gestire l'ansia richiede tempo e impegno. Non esiste una soluzione rapida o facile, ma con la giusta attitudine e le giuste tecniche, è possibile gestire l'ansia e vivere una vita più felice e soddisfacente.

In conclusione, nel capitolo 5 ho presentato alcune tecniche per identificare i pensieri negativi e sostituirli con pensieri positivi, nonché per gestire l'ansia attraverso l'esposizione graduale, la meditazione e altri approcci terapeutici. L'obiettivo di questo capitolo è aiutare il lettore a comprendere come funzionano i propri pensieri e a utilizzare questo nuovo apprendimento per vivere una vita più felice e soddisfacente.

Capitolo 6: La visualizzazione creativa

La visualizzazione creativa è una tecnica che può aiutare a gestire l'ansia. Consiste nel creare una rappresentazione mentale di uno stato desiderato, immaginando con dettaglio i sensi, le emozioni e le azioni associate. Questa tecnica è utilizzata spesso dagli atleti per migliorare le loro prestazioni, ma può essere utilizzata anche per gestire lo stress e l'ansia.

Nel seguente capitolo, esploreremo in dettaglio la visualizzazione creativa, i suoi benefici e come utilizzarla efficacemente per ridurre l'ansia.

I benefici della visualizzazione creativa

La visualizzazione creativa può aiutare a gestire l'ansia in diversi modi. Ecco alcuni dei suoi principali benefici:

1.	Riduce lo stress
La visualizzazione creativa aiuta a ridurre lo stress e l'ansia, poiché crea uno stato di rilassamento mentale e fisico. Quando ci concentriamo sulla nostra immaginazione, siamo in grado di allontanare temporaneamente i nostri pensieri e le preoccupazioni, riducendo la tensione e l'ansia.

2.	Migliora la consapevolezza di sé
La visualizzazione creativa aiuta a migliorare la consapevolezza di sé, poiché ci permette di osservare i nostri pensieri e le nostre emozioni in modo più obiettivo. Inoltre, la visualizzazione creativa ci aiuta a identificare

i pensieri negativi e a sostituirli con pensieri positivi e costruttivi.

3.   Favorisce la fiducia in sé stessi
La visualizzazione creativa può aumentare la fiducia in sé stessi e l'autostima. Immaginare di raggiungere i nostri obiettivi e di superare le difficoltà ci aiuta a sentirci più capaci e a visualizzare un futuro positivo.

4.   Migliora le prestazioni
La visualizzazione creativa può anche migliorare le prestazioni, sia a livello sportivo che professionale. Gli atleti spesso utilizzano la visualizzazione creativa per migliorare la loro tecnica e la loro performance, mentre i professionisti possono utilizzarla per prepararsi mentalmente per una presentazione o una riunione importante.

Come utilizzare la visualizzazione creativa per ridurre l'ansia

Ecco alcuni passi che puoi seguire per utilizzare la visualizzazione creativa per ridurre l'ansia:

1. Trova un luogo tranquillo: trova un posto tranquillo dove puoi sederti comodamente e dedicare del tempo alla tua pratica di visualizzazione creativa. Assicurati che il luogo sia privo di distrazioni e rumori.

2. Rilassati: inizia a respirare profondamente, concentrandoti sulla tua respirazione. Rilassati il più possibile e lascia andare la tensione che potresti avere in questo momento.

3. Scegli un'immagine rilassante: scegli un'immagine che ti faccia sentire rilassato e tranquillo. Potrebbe essere un luogo che hai visitato in passato, come una spiaggia o una montagna, o potrebbe essere un'immagine di qualcosa che ti fa sentire calmo, come una candela accesa o una cascata.

4. Visualizza l'immagine: chiudi gli occhi e inizia a visualizzare l'immagine nella tua mente. Immagina di essere in quel luogo e di sentire l'atmosfera che ti circonda. Nota i colori, i suoni e gli odori intorno a te.

5. Aggiungi i dettagli: aggiungi dettagli all'immagine per renderla più reale. Ad esempio, immagina di sentire il calore

del sole sulla pelle, di sentire la sabbia sotto i piedi o di sentire il suono dell'acqua che scorre.

6. Focalizza l'attenzione sull'immagine: mantieni la tua attenzione sull'immagine che hai creato e sull'esperienza che stai vivendo nella tua mente. Continua a respirare profondamente e a concentrarti sull'immagine finché non ti senti rilassato e tranquillo.

7. Ritorna alla realtà: quando sei pronto, apri lentamente gli occhi e torna alla realtà. Prenditi il tempo per riacclimatare alla realtà e notare come ti senti ora.

Puoi utilizzare questa tecnica di visualizzazione creativa ogni volta che ti senti ansioso o stressato. Puoi anche sperimentare con diverse immagini e luoghi per trovare quello che funziona meglio per te. Ricorda che la pratica regolare può aiutarti a sviluppare la capacità di rilassarti rapidamente e facilmente

In questo capitolo abbiamo visto come la visualizzazione creativa possa essere una tecnica molto efficace per gestire l'ansia. La visualizzazione ci permette di creare immagini mentali positive e rilassanti che possono aiutarci a ridurre lo stress e l'ansia.

Abbiamo visto come la visualizzazione creativa possa essere utilizzata in diversi modi, ad esempio immaginando di essere in un luogo tranquillo o immaginando di avere successo in una situazione che ci provoca ansia. Abbiamo anche visto come sia importante utilizzare tutti i sensi nella visualizzazione, in modo da rendere l'immagine mentale il più realistica possibile.

Inoltre, abbiamo esplorato alcune tecniche di visualizzazione specifiche, come la visualizzazione di un'immagine rilassante o la visualizzazione di un'immagine protettiva.

Infine, abbiamo visto che la visualizzazione creativa può essere utilizzata in combinazione con altre tecniche di gestione dell'ansia, come la respirazione diaframmatica e la meditazione.

Sebbene la visualizzazione creativa possa sembrare un'attività semplice, richiede impegno e pratica per diventare efficace. Con la giusta pratica e la giusta mentalità, tuttavia, la visualizzazione creativa può diventare uno strumento molto potente per gestire l'ansia e

migliorare il nostro benessere mentale e
fisico

Capitolo 7: L'importanza della mente-corpo

L'ansia è un problema che coinvolge sia la
mente che il corpo. Le emozioni negative che
proviamo possono influire sui nostri processi
fisici, come la respirazione, la frequenza
cardiaca e la tensione muscolare. Allo stesso
tempo, lo stato del nostro corpo può influire
sulle nostre emozioni e sul nostro benessere
mentale. In questo capitolo, esploreremo
l'importanza della connessione tra mente e
corpo e come possiamo utilizzare questa
connessione per gestire l'ansia.

La relazione tra mente e corpo

La connessione tra mente e corpo è sempre esistita, ma solo recentemente la scienza ha iniziato a capirne l'importanza e le implicazioni per la salute. La ricerca ha dimostrato che le emozioni possono influire sui processi fisiologici del nostro corpo. Ad esempio, lo stress e l'ansia possono aumentare la frequenza cardiaca, la pressione sanguigna e la tensione muscolare. Allo stesso tempo, lo stato del nostro corpo può influire sulle nostre emozioni e sulla nostra salute mentale. Ad esempio, la mancanza di sonno può causare irritabilità, depressione e ansia.

Inoltre, la connessione tra mente e corpo è bidirezionale. Ciò significa che le emozioni negative che proviamo possono influire sui processi fisiologici del nostro corpo, ma anche che possiamo utilizzare il nostro corpo per influire sulle nostre emozioni e il nostro benessere mentale. Ad esempio, la meditazione e la respirazione possono aiutare a ridurre l'ansia e il dolore.

Come utilizzare la connessione mente-corpo per gestire l'ansia

Ci sono molte tecniche che puoi utilizzare per utilizzare la connessione mente-corpo per gestire l'ansia. Alcune di queste tecniche includono:

1. La meditazione: la meditazione è una pratica che implica la concentrazione dell'attenzione su un oggetto, come la respirazione, per calmare la mente e ridurre l'ansia. La meditazione può anche aumentare la consapevolezza del nostro corpo e delle nostre emozioni, migliorando così la nostra capacità di gestirle.
2. La respirazione diaframmatica: la respirazione diaframmatica implica la respirazione attraverso il diaframma invece che attraverso il petto. Questa tecnica di respirazione può aiutare a ridurre la tensione muscolare e aumentare il rilassamento.
3. Lo yoga: lo yoga è una pratica che combina la respirazione, la meditazione e gli esercizi fisici per ridurre lo stress e migliorare la salute mentale e fisica.
4. L'attività fisica: l'esercizio fisico può aiutare a ridurre lo stress e l'ansia, migliorando la salute fisica e mentale.

5.	La terapia cognitivo-comportamentale:
	la terapia cognitivo-comportamentale è
	una forma di terapia che aiuta a
	identificare e modificare i pensieri
	negativi che contribuiscono all'ansia.
Ognuna di queste tecniche utilizza la
connessione mente-corpo

Un'altra tecnica che coinvolge la mente-corpo
è la pratica del tai chi, un'arte marziale cinese
che combina movimento lento, meditazione e
respirazione profonda. Il tai chi può aiutare a
ridurre l'ansia migliorando la postura, la
flessibilità, la coordinazione e la forza
muscolare. Inoltre, la pratica del tai chi è
stata associata a una riduzione del livello di
cortisolo, l'ormone dello stress, nel sangue.

L'esercizio fisico in generale è importante per
ridurre l'ansia, poiché aumenta la produzione
di endorfine, sostanze chimiche che
migliorano l'umore e riducono lo stress.
Tuttavia, è importante scegliere un tipo di
esercizio che sia adatto alle proprie esigenze
e preferenze. Non è necessario fare esercizio
intenso per trarre benefici, anche una
camminata o una sessione di stretching
possono essere utili.

Inoltre, l'ansia può influire sulla qualità del sonno, il che a sua volta può peggiorare i sintomi di ansia. Per migliorare il sonno, è importante mantenere una routine regolare di sonno, evitare la caffeina e l'alcol prima di dormire, mantenere la stanza da letto fresca e oscurata, e creare un ambiente tranquillo e rilassante prima di coricarsi. La meditazione prima di dormire può anche aiutare a calmare la mente e ad addormentarsi più facilmente.

Infine, è importante prendersi cura di se stessi a livello emotivo. Ciò può includere la pratica di attività che si trovano piacevoli, come l'hobby o il tempo trascorso con gli amici e la famiglia. Inoltre, può essere utile cercare supporto da parte di un terapista o di un gruppo di sostegno, se si sente che l'ansia sta interferendo nella vita quotidiana.

In conclusione, l'ansia può influenzare molti aspetti della nostra vita, ma ci sono molte tecniche che possono aiutare a gestirla. La connessione tra mente e corpo è fondamentale per comprendere come l'ansia si manifesta e per trovare modi per ridurla. La pratica della mindfulness, della respirazione, della meditazione, del tai chi e dell'esercizio fisico può essere utile per ridurre l'ansia. Inoltre, è importante prendersi cura di sé stessi a livello emotivo e cercare il supporto di un professionista, se necessario.

Inoltre, è importante riconoscere che la mente e il corpo sono strettamente collegati e che entrambi sono importanti per la nostra salute e il nostro benessere. Non possiamo trattare il nostro corpo come una macchina separata dalla nostra mente e dalle nostre emozioni. Le nostre emozioni e i nostri pensieri influenzano il nostro corpo e il nostro corpo influisce sulle nostre emozioni e i nostri pensieri. Per questo motivo, la cura della salute mentale non può essere separata dalla cura della salute fisica.

Ci sono molte attività che possiamo fare per migliorare la connessione tra mente e corpo. Una di queste è la meditazione. La meditazione è una pratica antica che mira a raggiungere uno stato di consapevolezza e di pace interiore. È stata dimostrata essere utile per ridurre l'ansia, migliorare la concentrazione e ridurre lo stress.

Inoltre, l'esercizio fisico può aiutare a migliorare la salute mentale e la connessione mente-corpo. L'esercizio fisico aumenta la produzione di endorfine, sostanze chimiche naturali che migliorano l'umore e riducono lo stress. Inoltre, l'esercizio fisico può aiutare a ridurre la tensione muscolare e a migliorare il sonno, entrambi importanti per la salute mentale.

Alcune altre attività che possono aiutare a migliorare la connessione mente-corpo includono lo yoga, la terapia del massaggio e l'agopuntura. Lo yoga è una pratica antica che combina esercizi fisici con tecniche di respirazione e di meditazione. La terapia del massaggio può aiutare a ridurre lo stress e la tensione muscolare, mentre l'agopuntura può aiutare a ridurre il dolore e migliorare l'equilibrio emotivo.

Oltre alla respirazione, la meditazione e la consapevolezza del corpo, ci sono altre tecniche che possono aiutare a creare una connessione più profonda tra mente e corpo. Ad esempio, la pratica dello yoga può essere un'ottima aggiunta alla tua routine quotidiana per ridurre lo stress e l'ansia.

Lo yoga è un'antica pratica che si concentra sulla connessione tra corpo e mente attraverso una serie di posizioni fisiche (asana), esercizi di respirazione (pranayama) e meditazione. Gli asana sono pensati per rilassare il corpo e la mente, mentre i pranayama sono utilizzati per regolare la respirazione e l'energia. La meditazione aiuta a focalizzarsi sul presente e a calmare la mente.

Lo yoga può essere particolarmente utile per chi soffre di ansia perché la pratica incoraggia la mente a concentrarsi sul presente invece di pensare al passato o al futuro. Inoltre, la pratica dello yoga può aumentare la flessibilità, la forza e la stabilità emotiva, tutte abilità che possono aiutare a gestire l'ansia.

Oltre allo yoga, ci sono anche altre pratiche che possono aiutare a creare una connessione più profonda tra mente e corpo. Ad esempio, l'agopuntura, la terapia craniosacrale e la terapia del massaggio sono tutti trattamenti che lavorano per rilassare il corpo e la mente. Anche la terapia del suono può essere utile, utilizzando strumenti come gong e ciotole tibetane per creare vibrazioni che possono aiutare a rilassarsi.

Inoltre, è importante prendersi cura del corpo fisico con esercizio regolare, un'alimentazione sana e il riposo adeguato. Ciò può aiutare a ridurre lo stress e l'ansia in modo naturale. L'esercizio fisico rilascia endorfine nel cervello, che possono migliorare l'umore e ridurre lo stress. L'alimentazione sana, in particolare una dieta ricca di frutta, verdura e proteine magre, può fornire al corpo i nutrienti di cui ha bisogno per funzionare al meglio.

Infine, è importante prendere il tempo di riposare e rilassarsi. Il riposo adeguato può aiutare a ridurre lo stress e l'ansia, consentendo al corpo di ripararsi e rigenerarsi. Dormire almeno 7-8 ore a notte può aiutare a ridurre la tensione muscolare e migliorare l'umore.

In conclusione, la connessione tra mente e corpo è fondamentale per gestire l'ansia. Ci sono molte tecniche e pratiche che possono aiutare a creare questa connessione, dalla respirazione consapevole allo yoga alla terapia del suono. Prendersi cura del corpo fisico con esercizio regolare, un'alimentazione sana e il riposo adeguato è altrettanto importante. Non esiste una soluzione universale per gestire l'ansia, ma con una combinazione di tecniche che funzionano per te, puoi ridurre lo stress e vivere una vita più calma.

Ricorda che la mente-corpo è una connessione fondamentale e la chiave per il benessere. Sii gentile con te stesso e fai attenzione ai segnali che il tuo corpo ti manda. Abbi cura di te e della tua salute, e vedrai che l'equilibrio tra mente e corpo ti porterà a una vita più felice e serena.

Capitolo 8: Superare l'ansia sociale

L'ansia sociale è un disturbo che colpisce molte persone. Si manifesta quando si è in situazioni sociali o si deve interagire con gli altri, causando un'intensa paura e disagio. L'ansia sociale può interferire con la vita quotidiana e impedire di godere dei momenti sociali. Tuttavia, ci sono molte strategie che possono aiutare a superare l'ansia sociale e a sentirsi più sicuri di sé stessi.

In questo capitolo, esploreremo l'ansia sociale e forniremo consigli e tecniche per superarla.

Se ti senti costantemente nervoso o ansioso quando sei in situazioni sociali, non sei solo. L'ansia sociale è un disturbo comune che colpisce milioni di persone. Può manifestarsi in molte forme, tra cui paura di parlare in pubblico, timidezza, evitamento di situazioni sociali e paura di giudizio o disapprovazione.

Ma perché l'ansia sociale si manifesta? In molti casi, l'ansia sociale può essere causata da una combinazione di fattori biologici e ambientali. Ad esempio, l'ansia sociale può essere ereditata geneticamente. Inoltre, alcune esperienze negative in passato, come l'imbarazzo o il ridicolo, possono portare a un'ansia sociale maggiore in futuro.

Tuttavia, non importa quale sia la causa dell'ansia sociale, ci sono molte strategie che puoi utilizzare per superarla e sentirsi più sicuri di sé stessi.

1.	Identifica le tue paure
Il primo passo per superare l'ansia sociale è identificare le tue paure. Cosa ti fa sentire nervoso o ansioso in situazioni sociali? Quali sono le tue preoccupazioni principali? Prenditi del tempo per riflettere su queste domande e annota le tue risposte.

Una volta che hai identificato le tue paure, puoi iniziare a lavorare su di esse. Ad esempio, se la tua paura principale è parlare in pubblico, puoi cercare occasioni per fare presentazioni o discorsi di fronte a un pubblico più piccolo. In questo modo, puoi gradualmente acquisire fiducia e superare la tua paura.

2.	Sii gentile con te stesso
È importante ricordare che l'ansia sociale non è colpa tua e non sei da solo. Molte persone

lottano con l'ansia sociale, quindi non c'è bisogno di sentirsi inadeguati o imbarazzati.

Sii gentile con te stesso e riconosci i tuoi progressi. Anche se sembrano piccoli, ogni passo verso il superamento dell'ansia sociale è un successo da celebrare.

3.   Pratica la respirazione diaframmatica
La respirazione diaframmatica è una tecnica di rilassamento che aiuta a ridurre l'ansia e lo stress. Quando respiriamo in modo profondo e lento, il nostro corpo si rilassa e la mente diventa più calma.

Per praticare la respirazione diaframmatica, segui questi semplici passi:

• Siediti in modo comodo con la schiena dritta e le mani sulle ginocchia.
• Metti una mano sul petto e una mano sullo stomaco.
• Respira lentamente e profondamente attraverso il naso, facendo in modo che la mano sullo stomaco si sollevi mentre inspiri e si abbassi mentre espiri. La mano sul petto dovrebbe rimanere ferma.

- Fai questo per 5-10 respiri, cercando di mantenere una respirazione lenta e costante.
- Ripeti questo esercizio più volte al giorno, soprattutto quando senti l'ansia aumentare.

La respirazione diaframmatica può essere fatta ovunque e in qualsiasi momento, ed è un'ottima tecnica per ridurre l'ansia in situazioni stressanti come un colloquio di lavoro o una presentazione.

4.   Utilizza l'esposizione graduale

L'esposizione graduale è una tecnica di terapia cognitivo-comportamentale che aiuta a ridurre l'ansia sociale. Si tratta di una tecnica in cui la persona viene esposta gradualmente alle situazioni sociali che la fanno sentire a disagio, fino a quando impara a gestirle in modo efficace.

Ad esempio, se hai ansia sociale durante le conversazioni, puoi iniziare con una conversazione con una persona a cui ti senti a tuo agio e poi gradualmente passare a conversazioni con persone che non conosci bene. Puoi anche utilizzare la tecnica dell'immaginazione guidata per immaginare di affrontare situazioni sociali difficili e imparare a gestirle in modo efficace.

5.   Cerca supporto
Infine, cerca il supporto di amici, familiari o un professionista della salute mentale. Parlare delle tue preoccupazioni e dei tuoi pensieri con qualcuno di fiducia può aiutare a ridurre l'ansia e a sentirsi meno isolati.

Inoltre, un professionista della salute mentale può aiutarti a sviluppare tecniche di coping e di gestione dell'ansia personalizzate per te, nonché fornirti un supporto emotivo e un ambiente sicuro in cui esplorare le tue preoccupazioni.

Conclusione

Superare l'ansia sociale può richiedere tempo e sforzo, ma è possibile farlo. Utilizzando queste tecniche, puoi imparare a gestire l'ansia sociale in modo efficace e migliorare la tua qualità di vita.

Ricorda che l'ansia sociale non ti definisce come persona e non deve impedirti di vivere la vita che desideri. Cerca il supporto che ti serve e lavora su te stesso, e vedrai che l'ansia sociale diventerà sempre meno presente nella tua vita.

In conclusione, l'ansia sociale può essere estremamente debilitante e impedire alle persone di vivere la vita che desiderano. Tuttavia, ci sono molte tecniche efficaci per superare l'ansia sociale e migliorare la propria autostima. In questo capitolo, abbiamo esplorato alcune di queste tecniche, tra cui l'identificazione dei pensieri negativi, la visualizzazione creativa, la pratica della respirazione diaframmatica e la costruzione di una rete di supporto sociale.

Speriamo che queste tecniche possano essere utili a coloro che lottano con l'ansia sociale e che possano aiutare a migliorare la loro qualità di vita. È importante ricordare che superare l'ansia sociale richiede tempo e impegno, ma con la giusta mentalità e le giuste tecniche, è possibile farlo. Ricorda che non sei solo, molte persone lottano con l'ansia sociale e ci sono molte risorse disponibili per aiutarti a superarla.

Capitolo 9: Vivere con l'ansia

L'ansia può essere una forza che ci trascina giù, ma può anche essere un'opportunità per crescere e diventare più forti. Vivere con l'ansia può essere difficile, ma ci sono molte cose che possiamo fare per gestirla e viverci insieme in modo sano. In questo capitolo, esploreremo alcune delle strategie che puoi utilizzare per vivere con l'ansia in modo efficace.

1.   Accettare l'ansia
La prima cosa da fare per vivere con l'ansia è accettarla. Accettare l'ansia non significa che devi amare l'ansia o che devi essere felice di avere l'ansia, ma significa che devi accettare il fatto che l'ansia fa parte della tua vita. Non cercare di combattere l'ansia o di liberartene, ma impara a conviverci.

Quando accetti l'ansia, puoi iniziare a lavorare con essa anziché contro di essa. Accettare l'ansia ti permette di trovare modi per gestirla e vivere con essa in modo sano.

2.   Concentrati sul presente
L'ansia può portarti a preoccuparti del futuro o a rimuginare sul passato. Questo può portare a pensieri negativi e a una maggiore ansia. Concentrati sul presente invece che sul futuro o sul passato. Cerca di concentrarti sulle cose che stai facendo in questo momento.

Quando ti concentri sul presente, puoi prenderci confidenza e ridurre l'ansia. Lavorare sul presente ti aiuta a focalizzarti su ciò che puoi controllare e ti fa sentire più sicuro.

3.   Mantieni un atteggiamento positivo
Mantenere un atteggiamento positivo può aiutare a ridurre l'ansia. Cerca di trovare il lato positivo delle situazioni e di concentrarti su ciò che è bene. Cerca di evitare i pensieri negativi e le situazioni che ti fanno sentire ansioso.

Mantieni una mentalità positiva e cerca di vedere il meglio delle cose. Questo ti aiuta a ridurre l'ansia e a mantenere una prospettiva positiva sulla vita.

4.   Cerca supporto
A volte, la migliore cosa da fare per gestire l'ansia è chiedere aiuto. Cerca supporto dai tuoi amici e dalla tua famiglia. Parla con loro delle tue preoccupazioni e chiedi il loro aiuto. Cerca anche il supporto di un professionista, come uno psicologo o un terapeuta.

Avere qualcuno a cui parlare può aiutare a ridurre l'ansia e farti sentire meno solo. Parlando con un professionista, puoi imparare a gestire l'ansia in modo efficace.

5.   Pratica l'autocura
L'autocura è fondamentale per affrontare l'ansia e vivere con essa. Significa dedicarsi del tempo e dello spazio per prendersi cura di sé stessi, sia a livello fisico che emotivo. Questo può includere attività come lo yoga, il massaggio, l'arte o la meditazione.

L'autocura ti aiuta a sentirti bene con te stesso, ad aumentare l'autostima e a ridurre lo stress. Quando pratichi l'autocura, è importante concentrarti sulla tua esperienza interna, piuttosto che sulle aspettative degli altri. Non devi preoccuparti di fare tutto per gli altri, ma piuttosto di fare ciò che ti fa sentire bene.

6.   Sviluppa la resilienza
La resilienza è la capacità di affrontare le difficoltà e di riprendersi dalle esperienze stressanti. Sviluppare la resilienza è importante per vivere con l'ansia, in quanto ti aiuta a rimanere forte e a superare le sfide.

La resilienza si può sviluppare in diversi modi, tra cui:

- Accettare i propri limiti: accettare che si ha l'ansia e che ci sono limiti a ciò che si può fare è importante per non sovraccaricarsi.
- Sviluppare un atteggiamento positivo: guardare le cose in modo positivo e trovare il lato buono delle cose può aiutarti a superare le difficoltà.
- Costruire relazioni solide: avere persone di cui ci si può fidare e con cui si può parlare apertamente può essere molto utile per superare le difficoltà.
- Essere flessibili: essere in grado di adattarsi ai cambiamenti e di trovare nuove soluzioni ai problemi è importante per superare le sfide.

7.   Cerca aiuto professionale se necessario
Se l'ansia sta interferendo con la tua vita quotidiana e non sei in grado di gestirla da solo, è importante cercare aiuto professionale. Un professionista della salute mentale può aiutarti a comprendere le cause dell'ansia e a sviluppare le tecniche necessarie per gestirla.

Ci sono molti tipi di aiuto professionale disponibili, tra cui psicoterapia, terapia cognitivo-comportamentale, terapia dell'esposizione e farmaci. Parla con il tuo medico o con uno psicologo per scoprire quale opzione sia giusta per te.

8.   Ricorda che sei più di quello che provi

L'ansia può far sentire come se ci si identificasse completamente con essa. Può sembrare che non ci sia nient'altro in te al di fuori dell'ansia. Ma ricorda che sei molto di più di quello che provi. Sebbene l'ansia possa essere una parte significativa della tua esperienza, non definisce chi sei.

Concentrati sugli aspetti positivi della tua vita, come le relazioni, le attività che ti piacciono e le cose che sei bravo a fare. Ricorda che l'ansia non dura per sempre e che ci sono molte altre cose che possono darti gioia e soddisfazione.

9.   Non scoraggiarti se hai una ricaduta

Infine, è importante ricordare che l'ansia è un processo complesso e che la guarigione non avviene in modo lineare. Ci saranno alti e bassi, momenti in cui ti sentirai sul controllo dell'ansia e altri in cui sembrerà che l'ansia ti stia dominando. In questi momenti, è importante non scoraggiarsi e non arrendersi.

Ricorda che avere un attacco di ansia o una ricaduta non significa che hai fallito o che non sei abbastanza forte. L'ansia può essere una condizione cronica, ma ci sono molti modi per gestirla e vivere una vita felice e soddisfacente nonostante essa.

È normale avere difficoltà ad accettare l'ansia e talvolta sembra più facile ignorarla o evitare di confrontarsi con essa. Ma l'unico modo per superare l'ansia è imparare a gestirla. Quindi, se hai una ricaduta, ricorda che fa parte del processo di guarigione e che puoi continuare a fare progressi.

Invece di concentrarti sull'errore o sulla ricaduta, prendi nota di cosa ti ha fatto sentire ansioso e cosa potresti fare diversamente la prossima volta. Continua a praticare le tecniche di gestione dell'ansia e cerca il supporto delle persone a cui vuoi bene.

Inoltre, se l'ansia sta causando problemi significativi nella tua vita, non esitare a cercare aiuto professionale. Un terapeuta o un medico possono aiutarti a identificare le cause dell'ansia e a sviluppare strategie personalizzate per gestirla.

Ricorda, vivere con l'ansia non significa essere prigionieri dell'ansia. Puoi imparare a gestirla e vivere una vita soddisfacente e appagante.

Conclusione

In questo libro abbiamo esplorato vari aspetti dell'ansia, dai sintomi fisici e psicologici alle cause sottostanti e alle strategie di gestione. Speriamo che le informazioni e le tecniche che abbiamo condiviso ti siano state utili nel comprendere e affrontare l'ansia.

L'ansia può essere una condizione debilitante, ma con il giusto supporto e le giuste strategie di gestione, puoi imparare a gestirla e vivere una vita felice e soddisfacente. Ricorda, non sei solo e non c'è nulla di sbagliato nell'affrontare l'ansia.

Mantieni una mentalità aperta e sii gentile con te stesso mentre cerchi di gestire l'ansia. Con la pratica e la perseveranza, puoi superare l'ansia e vivere la vita che meriti. Ti Auguro una buona Vita Lettore alla Prossima!

www.ingramcontent.com/pod-product-compliance
Lightning Source LLC
Chambersburg PA
CBHW051659250726
48653CB00007B/2746